Impressum
Verlag: BABADADA GmbH, Nedderfeld 112 , 22529 Hamburg
Geschäftsführer / Verlagsleitung: Harald Hof
Druck: Books on Demand GmbH, In de Tarpen 42, 22848 Norderstedt

Imprint
Publisher: BABADADA GmbH, Nedderfeld 112 , 22529 Hamburg, Germany
Managing Director / Publishing direction: Harald Hof
Print: Books on Demand GmbH, In de Tarpen 42, 22848 Norderstedt

school
Šola

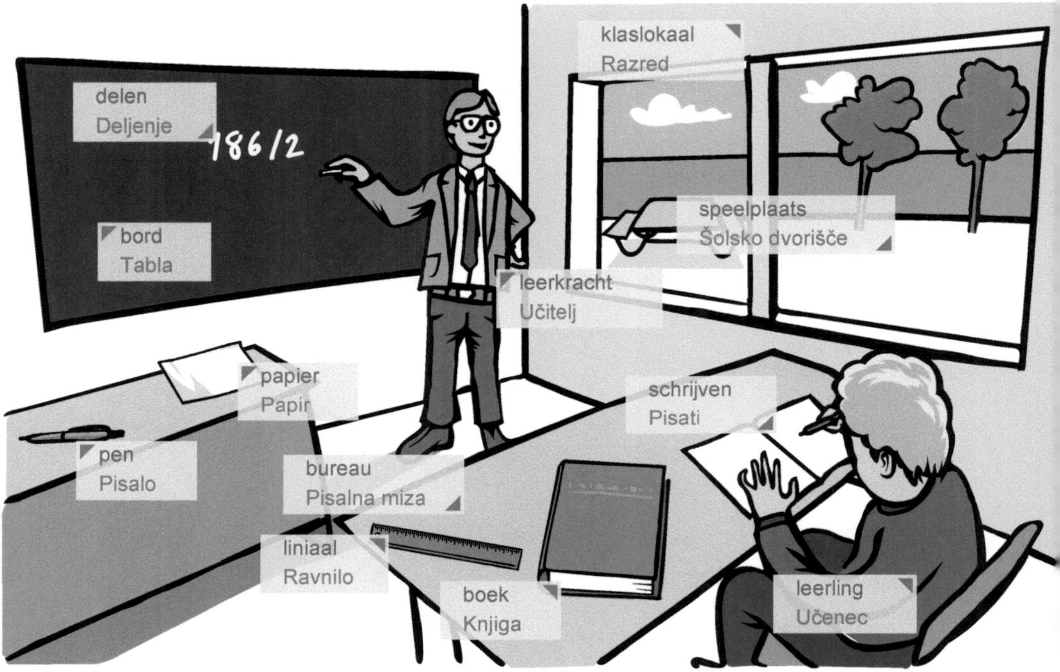

klaslokaal
Razred
delen
Deljenje
186/2
bord
Tabla
speelplaats
Šolsko dvorišče
leerkracht
Učitelj
papier
Papir
schrijven
Pisati
pen
Pisalo
bureau
Pisalna miza
liniaal
Ravnilo
boek
Knjiga
leerling
Učenec

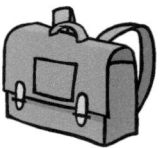

schooltas
Šolska torba

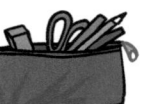

pennenzak
Peresnica

potlood
Svinčnik

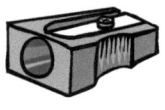

puntenslijper
Šilček

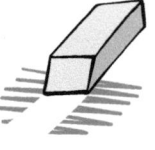

gom
Radirka

tekenblok
Risalni blok

tekening

Risba

verfborstel

Čopič

verfdoos

Vodene barvice

schaar

Škarje

lijm

Lepilo

werkboek

Zvezek

huiswerk

Domača naloga

nummer

Število

optellen

Seštevanje

aftrekken

Odštevanje

vermenigvuldigen

Množenje

rekenen

Računanje

letter

Črka

alfabet

Abeceda

woord

Beseda

tekst

Besedilo

Lezen

Brati

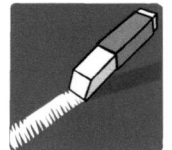

krijt

Kreda

les

Učna ura

klassenboek

Redovalnica

examen

Preizkus znanja

certificaat

Spričevalo

schooluniform

Šolska uniforma

onderwijs

Izobrazba

encyclopedie

Enciklopedija

universiteit

Univerza

microscoop

Mikroskop

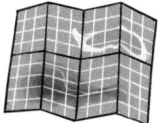

kaart

Zemljevid

papiermand

Koš za smeti

reis
Potovanje

hotel
Hotel
Grand
jeugdherberg
Hostel
ROOMS
wisselkantoor
Menjalnica
koffer
Kovček
auto
Avtomobil

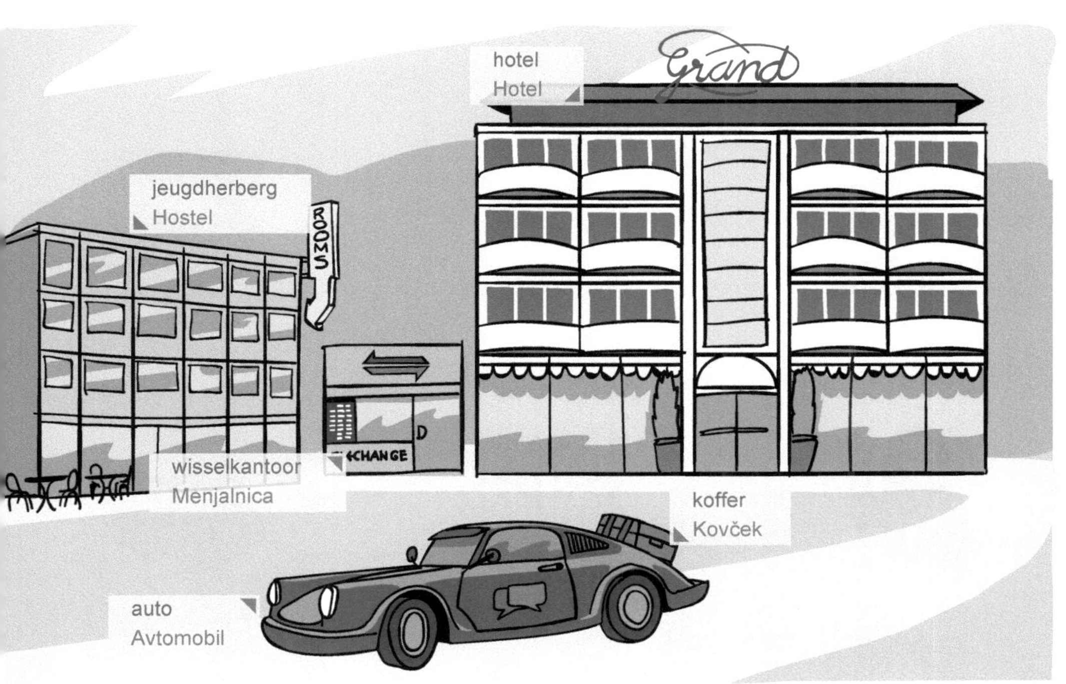

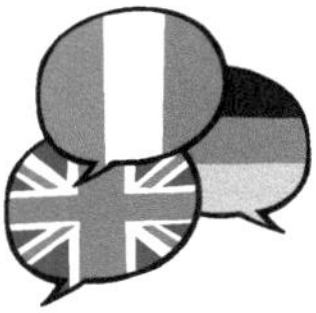

Taal

Jezik

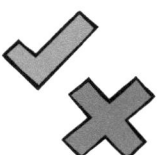

ja / nee

da / ne

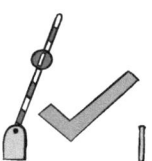

oké

Prav

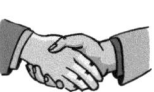

hallo

Pozdravljeni

vertaler

Prevajalec

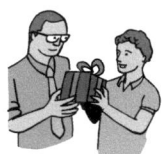

bedankt

Hvala

Hoeveel kost …?

Koliko stane…?

Ik begrijp het niet

Ne razumem

probleem

Težava

Goedenavond!

Dober večer!

Goedemorgen!

Dobro jutro!

Goedenavond!

Lahko noč!

Tot ziens

Nasvidenje

richting

Smer

bagage

Prtljaga

zak

Torba

rugzak

Nahrbtnik

gast

Gost

kamer

Soba

slaapzak

Spalna vreča

tent

Šotor

toeristeninformatie

Turistične informacije

strand

Plaža

kredietkaart

Kreditna kartica

ontbijt

Zajtrk

lunch

Kosilo

avondeten

Večerja

ticket

Vozovnica

lift

Dvigalo

postzegel

Znamka

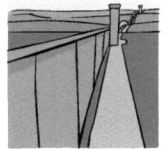

grens

Meja

douane

Carina

ambassade

Veleposlaništvo

visum

Vizum

paspoort

Potni list

transport
Prevoz

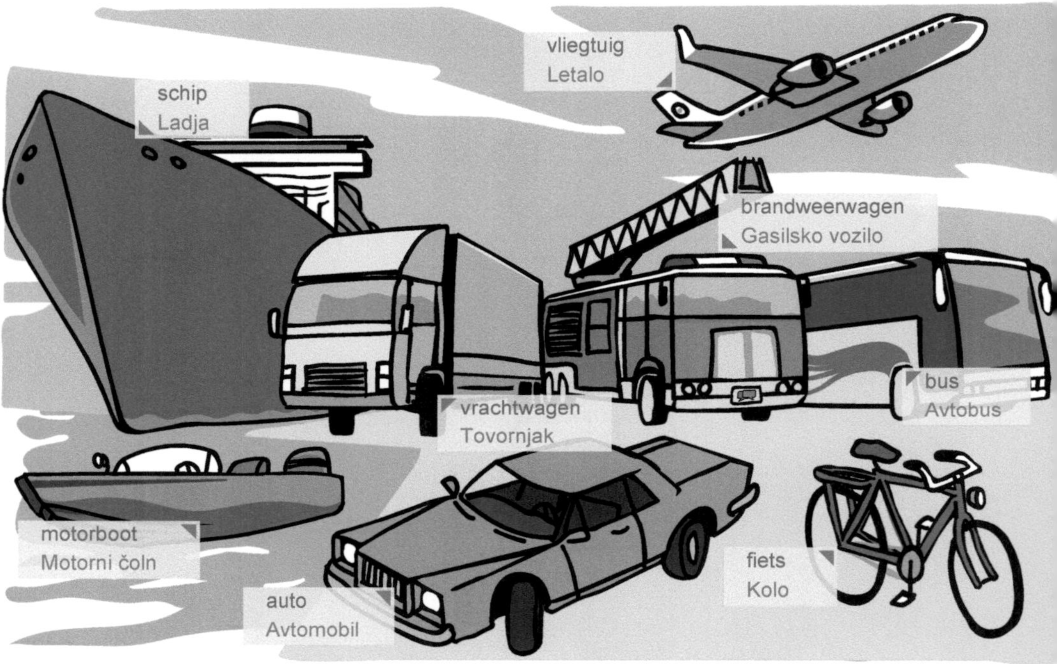
vliegtuig
Letalo
schip
Ladja
brandweerwagen
Gasilsko vozilo
bus
Avtobus
vrachtwagen
Tovornjak
motorboot
Motorni čoln
fiets
Kolo
auto
Avtomobil

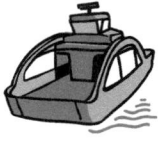

veerboot

Trajekt

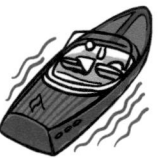

boot

Čoln

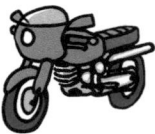

motor

Motorno kolo

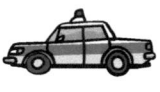

politiewagen

Policijski avto

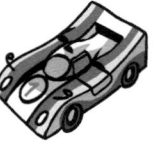

racewagen

Dirkalni avto

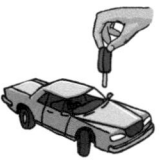

huurauto

Najeto vozilo

carpoolen

Souporaba avtomobila

sleepwagen

Avtovleka

vuilniswagen

Smetarsko vozilo

motor

Motor

benzine

Gorivo

benzinestation

Bencinska postaja

verkeersbord

Prometni znak

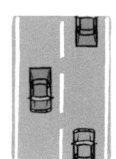

verkeer

Promet

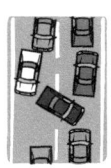

file

Zastoj

parkeerplaats

Parkirišče

station

Železniška postaja

sporen

Tirnice

trein

Vlak

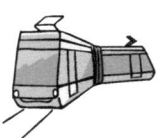

tram

Tramvaj

wagon

Vagon

helikopter

Helikopter

luchthaven

Letališče

toren

Stolp

passagier

Potnik

container

Kontejner

karton

Karton

kar

Voziček

mand

Košara

opstijgen / landen

vzleteti / pristati

stad

Mesto

dorp

Vas

stadscentrum

Mestno jedro

huis

Hiša

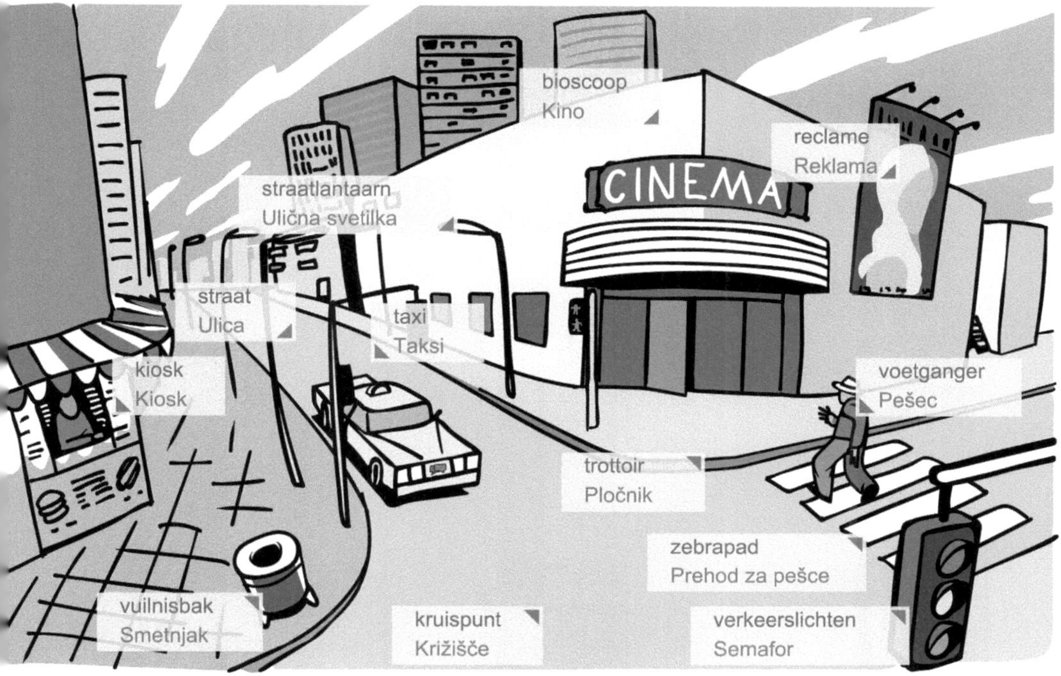

bioscoop
Kino

reclame
Reklama

straatlantaarn
Ulična svetilka

CINEMA

straat
Ulica

taxi
Taksi

voetganger
Pešec

kiosk
Kiosk

trottoir
Pločnik

zebrapad
Prehod za pešce

vuilnisbak
Smetnjak

kruispunt
Križišče

verkeerslichten
Semafor

hut

Koča

woning

Stanovanje

station

Železniška postaja

stadshuis

Mestna hiša

museum

Muzej

school

Šola

universiteit

Univerza

bank

Banka

ziekenhuis

Bolnišnica

hotel

Hotel

apotheek

Lekarna

kantoor

Pisarna

boekwinkel

Knjigarna

winkel

Trgovina

bloemenwinkel

Cvetličarna

supermarkt

Supermarket

markt

Tržnica

warenhuis

Veleblagovnica

vishandelaar

Ribarnica

winkelcentrum

Nakupovalno središče

haven

Pristanišče

park
Park

bank
Klop

brug
Most

trap
Stopnice

metro
Podzemna železnica

tunnel
Predor

bushalte
Avtobusno postajališče

bar
Bar

restaurant
Restavracija

brievenbus
Poštni nabiralnik

straatnaambord
Ulična tabla

parkeermeter
Parkirna ura

zoo
Živalski vrt

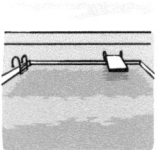

zwembad
Kopališče

moskee
Mošeja

boerderij
Kmetija

milieuverontreiniging
Onesnaževanje

kerkhof
Pokopališče

kerk
Cerkev

speelplaats
Otroško igrišče

tempel
Tempelj

landschap
Pokrajina

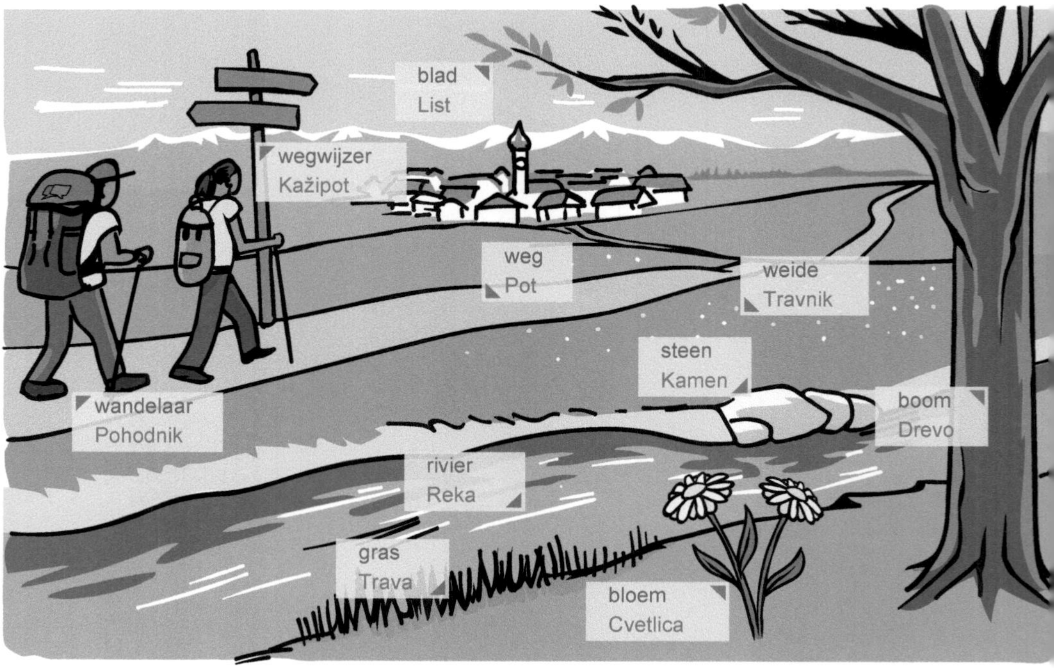

blad
List

wegwijzer
Kažipot

weg
Pot

weide
Travnik

steen
Kamen

wandelaar
Pohodnik

boom
Drevo

rivier
Reka

gras
Trava

bloem
Cvetlica

vallei

Dolina

heuvel

Hrib

meer

Jezero

bos

Gozd

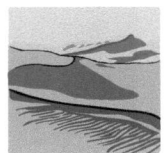

woestijn

Puščava

vulkaan

Vulkan

kasteel

Grad

regenboog

Mavrica

paddenstoel

Goba

palmboom

Palma

mug

Komar

vlieg

Muha

mier

Mravlja

bijl

Čebela

spin

Pajek

kever

Hrošč

kikker

Žaba

eekhoorn

Veverica

egel

Jež

haas

Zajec

uil

Sova

vogel

Ptič

zwaan

Labod

wild zwijn

Divji prašič

hert

Jelen

eland

Los

dam

Jez

windturbine

Vetrnica

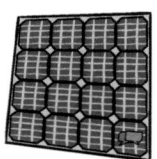

zonnepaneel

Solarna plošča

klimaat

Podnebje

restaurant
Restavracija

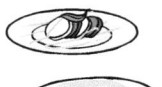

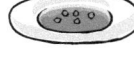

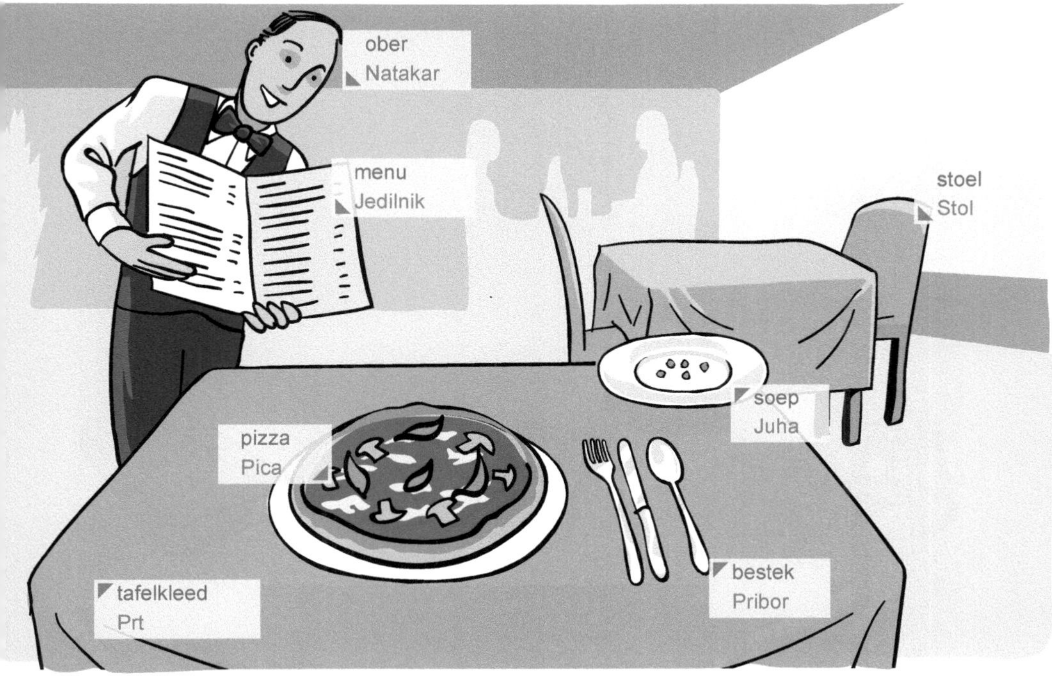
ober
Natakar
menu
Jedilnik
stoel
Stol
soep
Juha
pizza
Pica
tafelkleed
Prt
bestek
Pribor

voorgerecht

Predjed

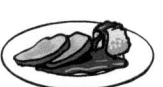

hoofdgerecht

Glavna jed

nagerecht

Sladica

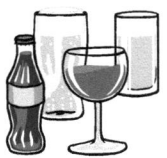

drankjes

Pijače

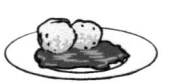

eten

Hrana

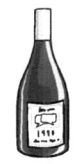

fles

Steklenica

fastfood

Hitra hrana

street food

Ulična hrana

theepot

Čajnik

suikerpot

Sladkornica

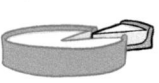

portie

Porcija

espressomachine

Aparat za espresso

kinderstoel

Stolček za hranjenje

rekening

Račun

dienblad

Pladenj

mes

Nož

vork

Vilica

lepel

Žlica

theelepel

Čajna žlička

serviette

Servieta

glas

Kozarec

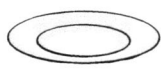

bord

Krožnik

soepbord

Globoki krožnik

schoteltje

Krožniček

saus

Omaka

zoutvatje

Solnica

pepermolen

Mlinček za poper

azijn

Kis

olie

Olje

kruiden

Začimbe

ketchup

Kečap

mosterd

Gorčica

mayonaise

Majoneza

supermarkt
Supermarket

aanbieding
Posebna ponudba
FOR
klant
Stranka
zuivelproducten
Mlečni izdelki
fruit
Sadje
winkelwagen
Nakupovalni voziček

BUTCHERS

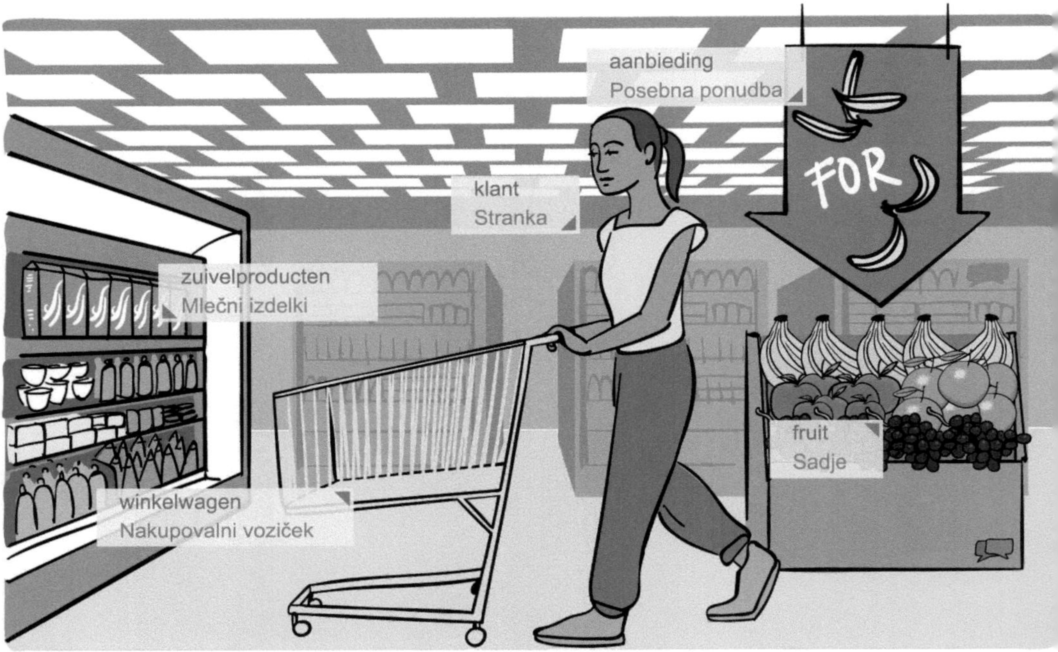

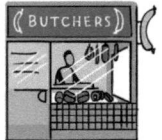

slagerij

Mesnica

BAKERY

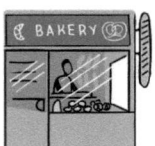

bakkerij

Pekarna

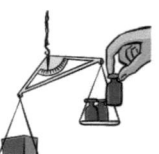

wegen

Tehtati

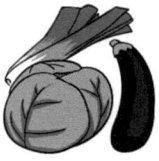

groenten

Zelenjava

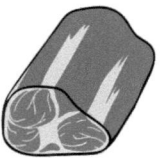

vlees

Meso

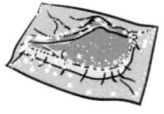

diepvriesvoedsel

Zamrznjena hrana

charcuterie

Hladne mesnine

conserven

Konzerve

waspoeder

Pralni prašek

snoep

Sladkarije

huishoudproducten

Gospodinjski izdelki

schoonmaakproducten

Čistilno sredstvo

verkoopster

Prodajalka

kassa

Blagajna

kassier

Blagajnik

boodschappenlijstje

Nakupovalni seznam

openingstijden

Delovni čas

portefeuille

Denarnica

kredietkaart

Kreditna kartica

tas

Torba

plastieken zakje

Plastična vrečka

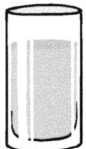

water

Voda

sap

Sok

melk

Mleko

cola

Kola

wijn

Vino

bier

Pivo

alcohol

Alkohol

cacao

Kakav

thee

Čaj

koffie

Kava

espresso

Espresso

cappuccino

Kapučino

banaan

Banana

appel

Jabolko

sinaasappel

Pomaranča

meloen

Lubenica

citroen

Limona

wortel

Korenje

knoflook

Česen

bamboe

Bambus

ajuin

Čebula

champignon

Goba

noten

Oreščki

noodles

Rezanci

spaghetti

Špageti

rijst

Riž

salade

Solata

frieten

Ocvrt krompirček

gebakken aardappelen

Pečen krompir

pizza

Pica

hamburger

Hamburger

sandwich

Sendvič

kalfslapje

Zrezek

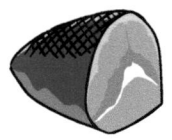

ham

Šunka

salami

Salama

worst

Klobasa

kip

Piščanec

braden

Pečenka

vis

Riba

havervlokken

Ovseni kosmiči

muesli

Musli

cornflakes

Koruzni kosmiči

bloem

Moka

croissant

Rogljiček

pistolet

Žemlja

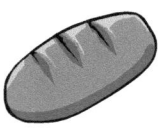

brood

Kruh

toast

Prepečenec

koekjes

Piškoti

boter

Maslo

kwark

Skuta

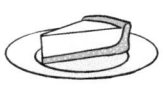

taart

Torta

ei

Jajce

spiegelei

Pečeno jajce na oko

kaas

Sir

ijs

Sladoled

suiker

Sladkor

honing

Med

confituur

Marmelada

choco

Čokoladni namaz

curry

Kari

boerderij
Kmetija

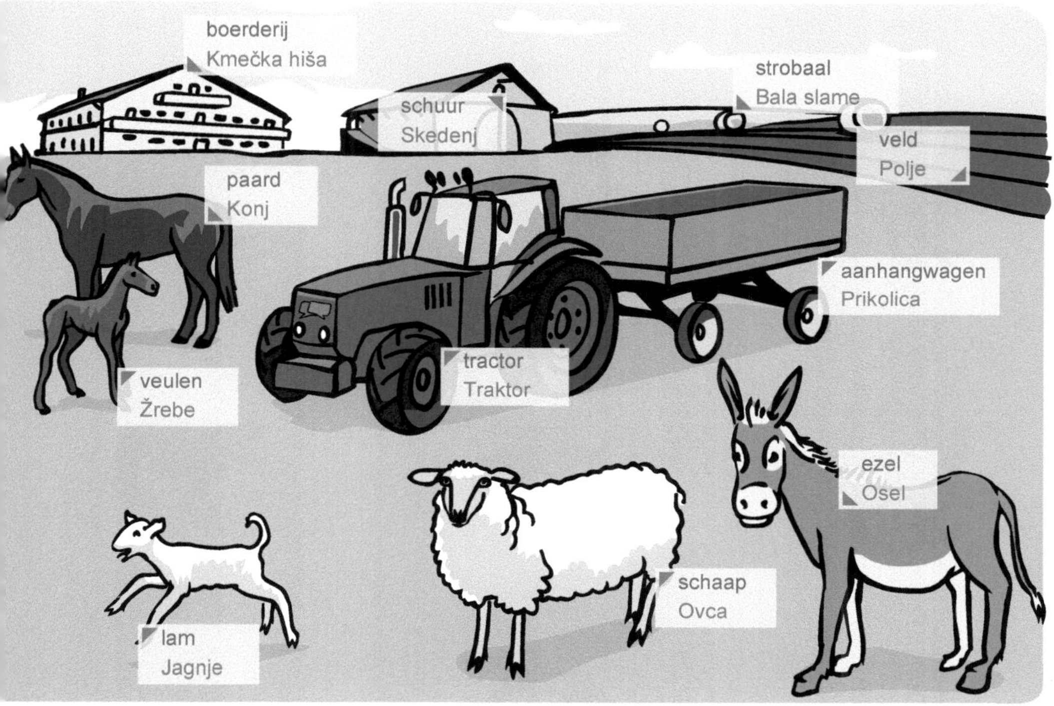
boerderij
Kmečka hiša
schuur
Skedenj
strobaal
Bala slame
veld
Polje
paard
Konj
aanhangwagen
Prikolica
tractor
Traktor
veulen
Žrebe
ezel
Osel
schaap
Ovca
lam
Jagnje

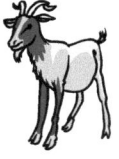

geit

Koza

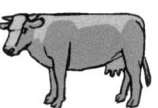

koe

Krava

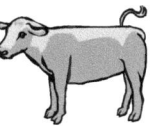

kalf

Tele

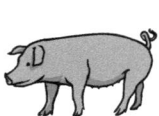

varken

Prašič

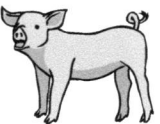

biggetje

Pujsek

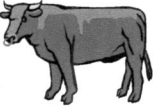

stier

Bik

gans
Gos

eend
Raca

kuiken
Piščanec

kip
Kokoš

haan
Petelin

rat
Podgana

kat
Mačka

muis
Miš

os
Vol

hond
Pes

hondenhok
Pasja uta

tuinslang
Cev za zalivanje

gieter
Kangla za zalivanje

zeis
Kosa

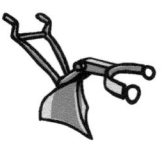

ploeg
Plug

sikkel

Srp

schoffel

Motika

hooivork

Vile

bijl

Sekira

kruiwagen

Samokolnica

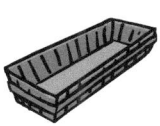

trog

Korito

melkkan

Kangla za mleko

zak

Vreča

hek

Ograja

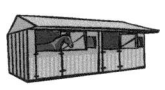

stal

Hlev

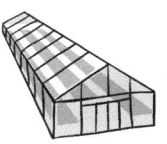

broeikas

Rastlinjak

bodem

Prst

zaad

Seme

mest

Gnojilo

maaidorser

Kombajn

oogsten

Žeti

oogst

Žetev

yam

Jam

tarwe

Pšenica

soja

Soja

aardappel

Krompir

maïs

Koruza

koolzaad

Oljna ogrščica

fruitboom

Sadno drevo

maniok

Maniok

graan

Žito

huis
Hiša

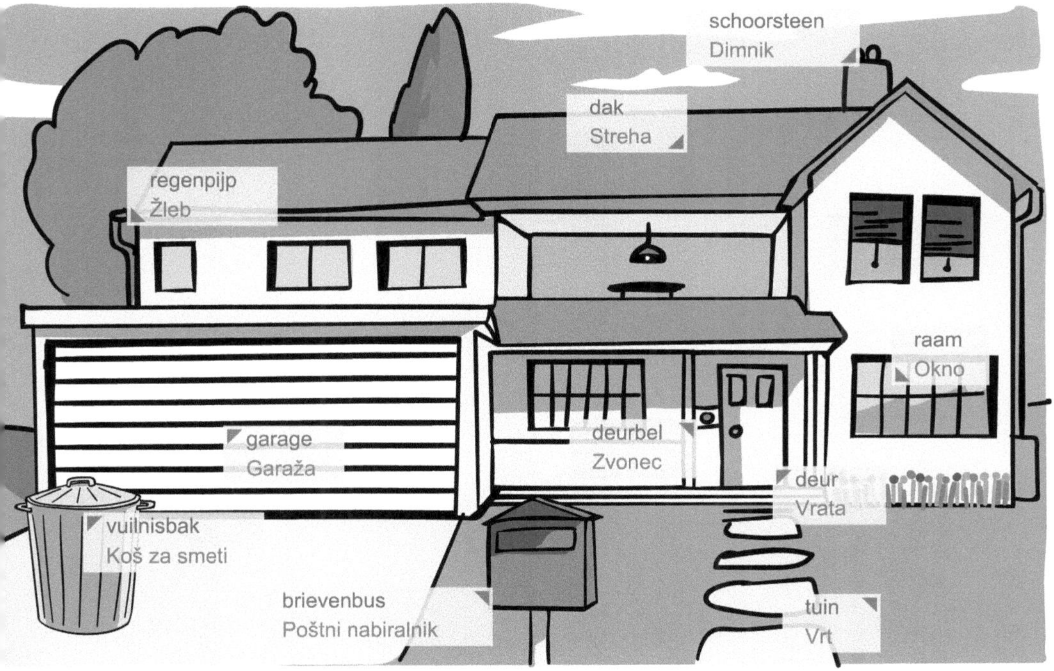
schoorsteen
Dimnik
dak
Streha
regenpijp
Žleb
raam
Okno
garage
Garaža
deurbel
Zvonec
deur
Vrata
vuilnisbak
Koš za smeti
brievenbus
Poštni nabiralnik
tuin
Vrt

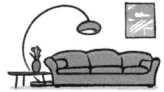

woonkamer

Dnevna soba

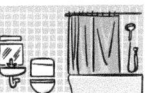

badkamer

Kopalnica

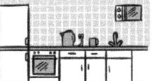

keuken

Kuhinja

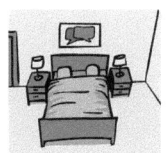

slaapkamer

Spalnica

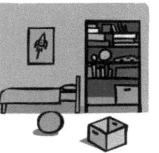

kinderkamer

Otroška soba

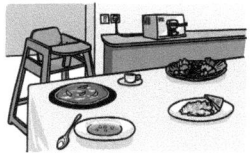

eetkamer

Jedilnica

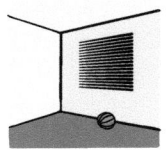

vloer

Tla

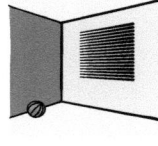

muur

Stena

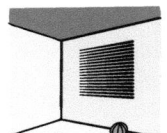

plafond

Strop

kelder

Klet

sauna

Savna

balkon

Balkon

terras

Terasa

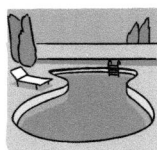

zwembad

Bazen

grasmaaier

Kosilnica

dekbedovertrek

Rjuha

dekbed

Posteljno pregrinjalo

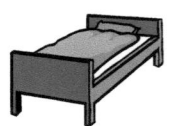

bed

Postelja

bezem

Metla

emmer

Vedro

schakelaar

Stikalo

woonkamer
Dnevna soba

behangpapier
Tapeta
foto
Slika
lamp
Svetilka
schap
Polica
kast
Omara
televisie
Televizor
open haard
Kamin
bloem
Cvetlica
kussen
Blazina
sofa
Zofa
vaas
Vaza
afstandsbediening
Daljinski upravljalnik

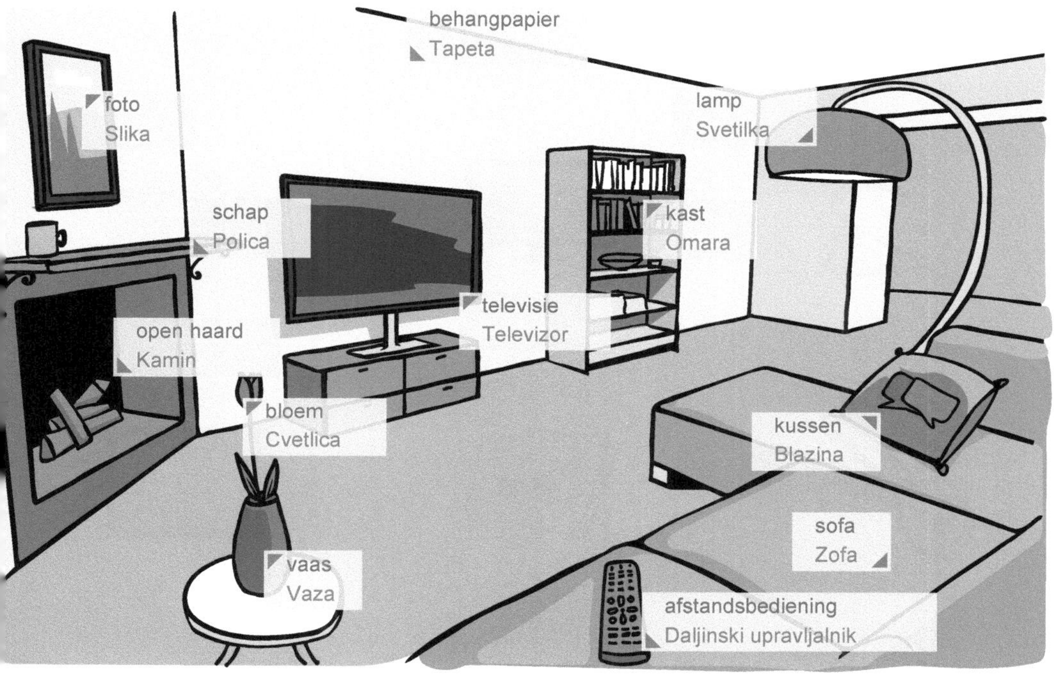

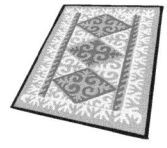

mat

Preproga

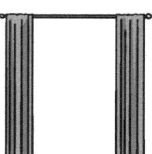

gordijn

Zavesa

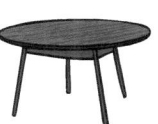

tafel

Miza

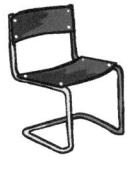

stoel

Stol

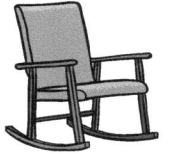

schommelstoel

Gugalnik

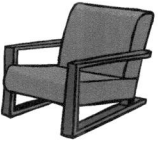

fauteuil

Naslanjač

boek

Knjiga

deken

Odeja

decoratie

Dekoracija

brandhout

Drva

film

Film

stereo-installatie

Glasbeni stolp

sleutel

Ključ

krant

Časopis

schilderij

Slika

poster

Plakat

radio

Radio

notitieboekje

Beležka

stofzuiger

Sesalnik

cactus

Kaktus

kaars

Sveča

keuken
Kuhinja

koelkast
Hladilnik
microgolfoven
Mikrovalovna pečica
keukenweegschaal
Kuhinjska tehtnica
broodrooster
Opekač
afwasmiddel
Detergent
oven
Pečica
vriesvak
Zamrzovalnik
vuilnisbak
Koš za smeti
vaatwasmachine
Pomivalni stroj

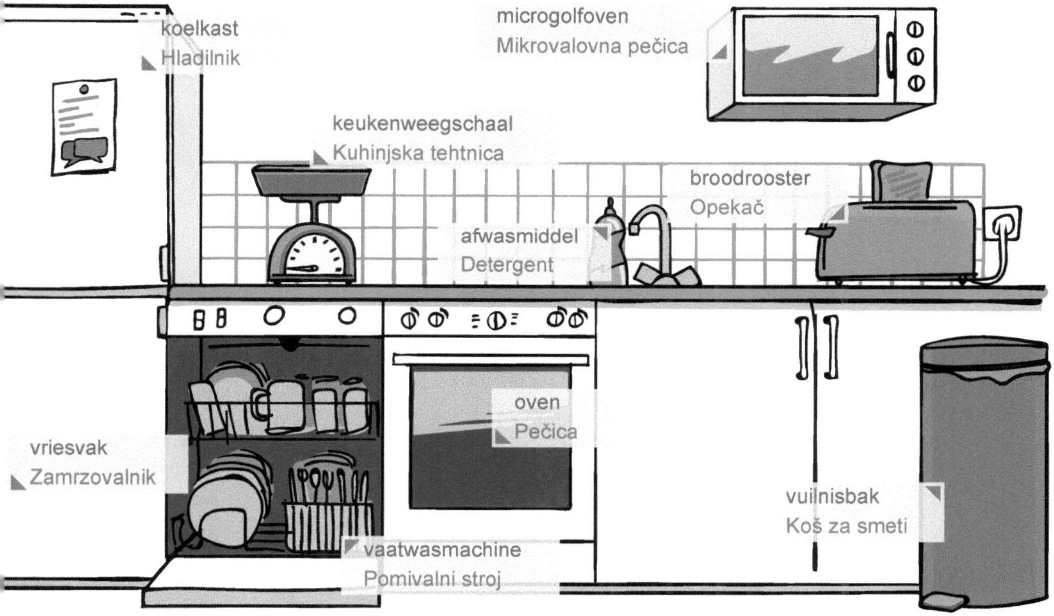

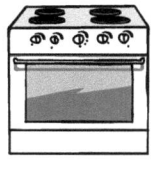

fornuis

Kozica

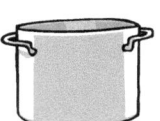

pot

Lonec

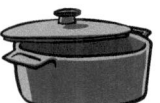

gietijzeren pot

Litoželezni lonec

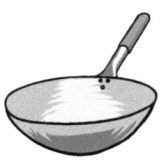

wok / kadai

Vok / kadai

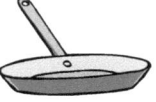

pan

Ponev

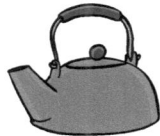

waterkoker

Kotliček

stoomkoker

Parni kuhalnik

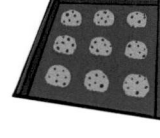

bakplaat

Pekač

servies

Posoda

mok

Skodelica

kom

Skleda

eetstokjes

Jedilne paličice

pollepel

Zajemalka

spatel

Lopatica

garde

Metlica

vergiet

Cedilnik

zeef

Cedilo

rasp

Strgalo

mortier

Možnar

barbecue

Žar

haardvuur

Ognjišče

snijplank

Deska za rezanje

deegrol

Valjar

kurkentrekker

Odpirač za steklenice

blik

Pločevinka

blikopener

Odpirač za konzerve

pannenlap

Prijemalka za posodo

gootsteen

Korito

borstel

Ščetka

spons

Goba

blender

Mešalnik

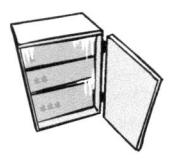

vriezer

Zamrzovalna skrinja

papfles

Steklenička

kraan

Pipa

badkamer
Kopalnica

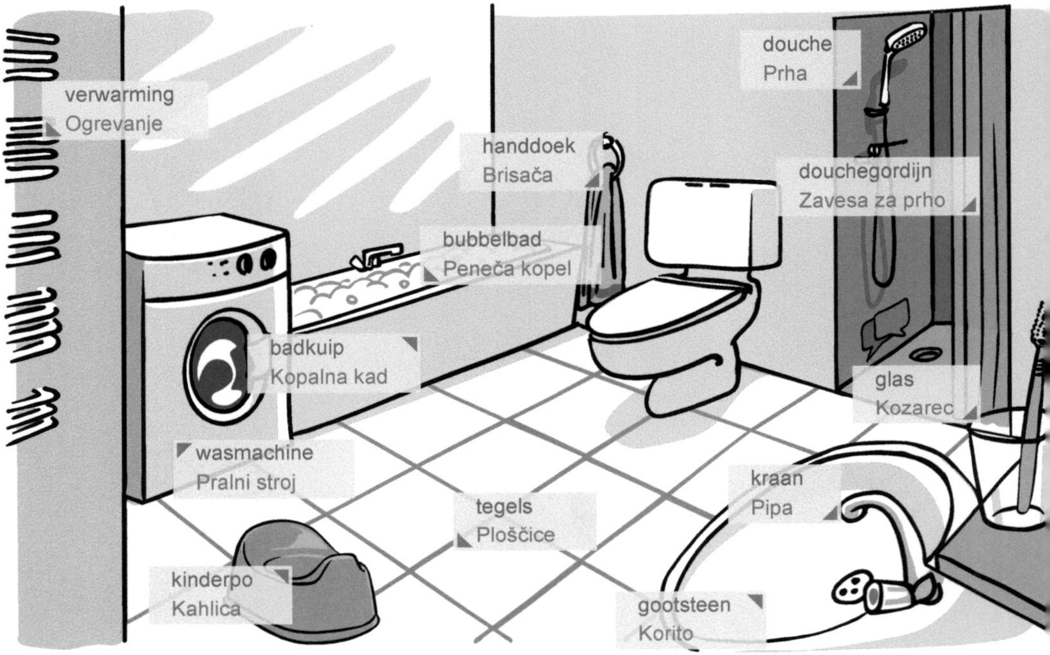

verwarming
Ogrevanje
douche
Prha
handdoek
Brisača
douchegordijn
Zavesa za prho
bubbelbad
Peneča kopel
badkuip
Kopalna kad
glas
Kozarec
wasmachine
Pralni stroj
kraan
Pipa
tegels
Ploščice
kinderpo
Kahlica
gootsteen
Korito

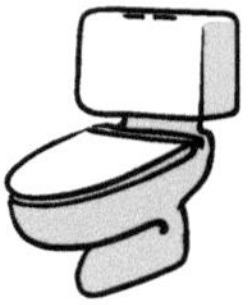

toilet

Stranišče

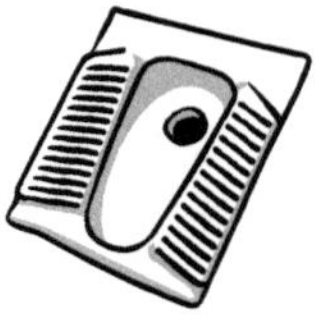

hurktoilet

Stranišče na počep

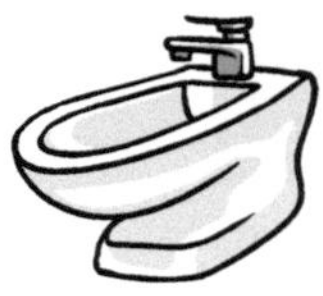

bidet

Bide

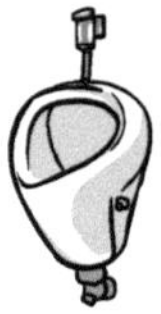

urinoir

Pisoar

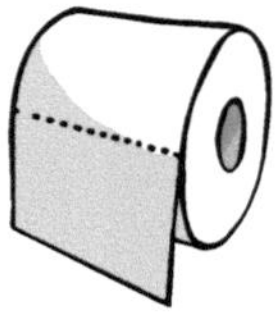

toiletpapier

Toaletni papir

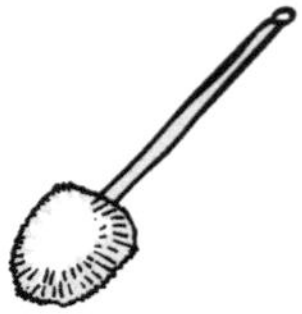

toiletborstel

Ščetka za straniščno školjko

tandenborstel

Zobna ščetka

tandpasta

Zobna pasta

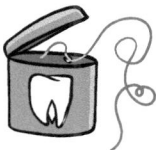

flosdraad

Zobna nitka

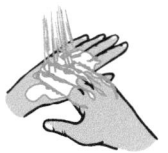

wassen

Umiti se

handdouche

Ročna prha

bidethanddouche

Prha za intimne dele

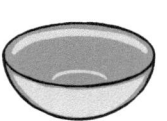

waskom

Umivalnik

rugborstel

Krtača za hrbet

zeep

Milo

douchegel

Gel za prhanje

shampoo

Šampon

washandje

Krpica za miljenje

afvoer

Odtok

crème

Krema

deodorant

Deodorant

spiegel

Ogledalo

handspiegel

Ročno ogledalo

scheermes

Britvica

scheerschuim

Pena za britje

aftershave

Vodica po britju

kam

Glavnik

borstel

Ščetka

haardroger

Sušilnik za lase

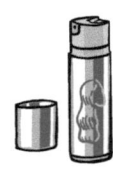

haarlak

Lak za lase

make-up

Ličila

lippenstift

Šminka

nagellak

Lak za nohte

watten

Vatirane blazinice

nagelknipper

Škarjice za nohte

parfum

Parfum

toilettas

Toaletna torbica

kruk

Stol brez naslonjala

weegschaal

Osebna tehtnica

badjas

Kopalni plašč

latex handschoenen

Gumijaste rokavice

tampon

Tampon

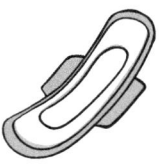

maandverband

Damski vložki

chemisch toilet

Kemično stranišče

kinderkamer

Otroška soba

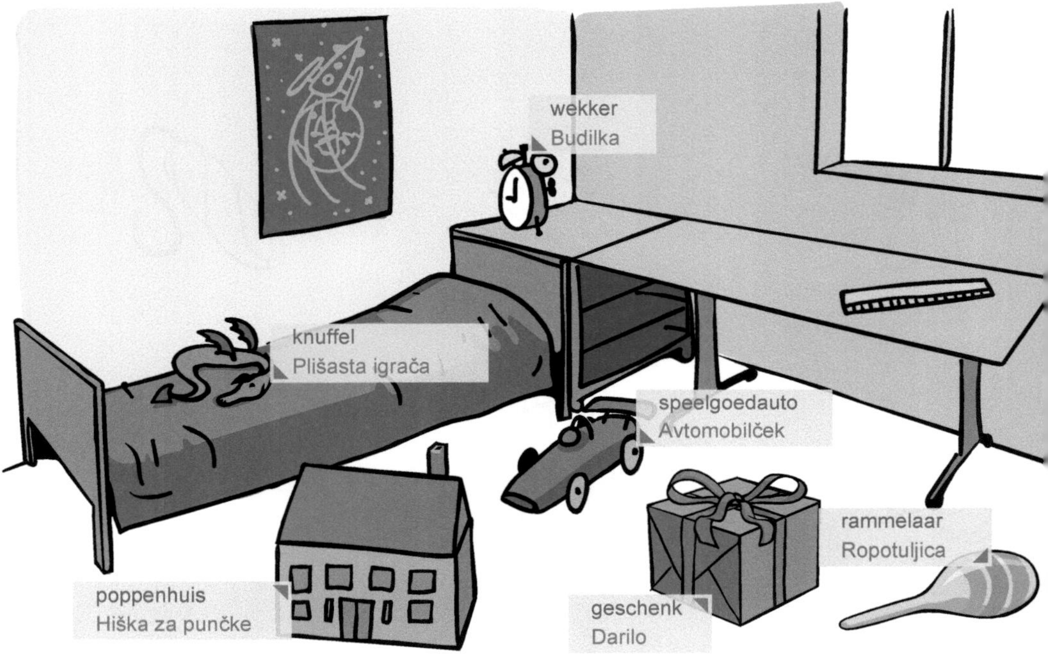
wekker
Budilka
knuffel
Plišasta igrača
speelgoedauto
Avtomobilček
rammelaar
Ropotuljica
poppenhuis
Hiška za punčke
geschenk
Darilo

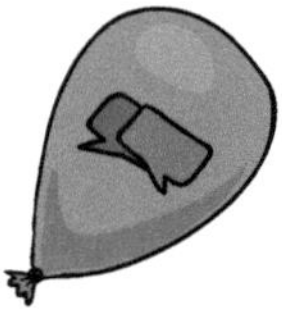

ballon

Balon

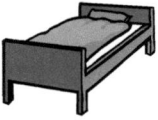

bed

Postelja

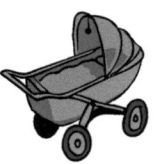

kinderwagen

Otroški voziček

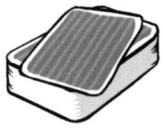

spel kaarten

Igralne karte

puzzel

Sestavljanka

SUPER
MEGA

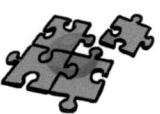

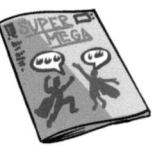

stripboek

Strip

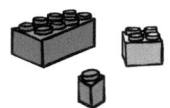

legoblokjes

Lego kocke

blokken

Igralne kocke

actiefiguur

Akcijska figura

kruippakje

Bodi

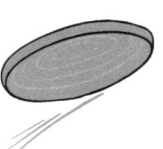

frisbee

Frizbi

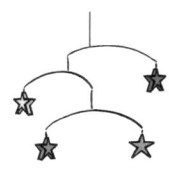

mobiel

Vrtiljak za posteljico

bordspel

Namizna igra

dobbelsteen

Kocka

modelspoorweg

Komplet modelov vlakov

fopspeen

Duda

feest

Zabava

prentenboek

Slikanica

bal

Žoga

pop

Lutka

spelen

Igrati se

zandbak
Peskovnik

schommel
Gugalnica

speelgoed
Igrače

spelconsole
Igralna konzola

driewieler
Tricikel

knuffelbeer
Plišasti medvedek

kleerkast
Garderoba

kleding
Oblačilo

sokken
Nogavice

kousen
Samostoječe nogavice

maillot
Hlačne nogavice

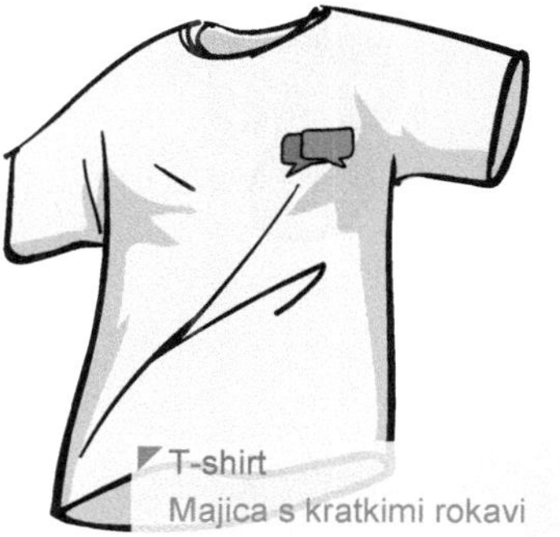

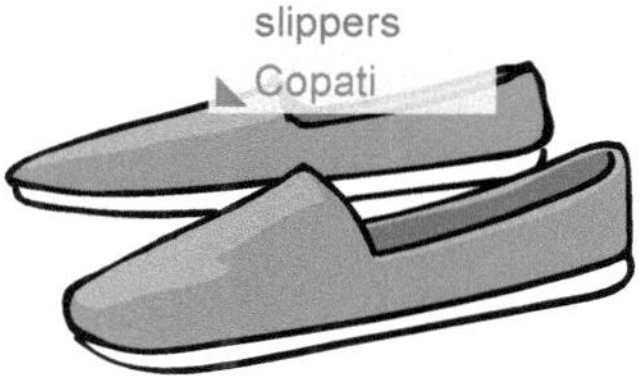

sjaal
Šal

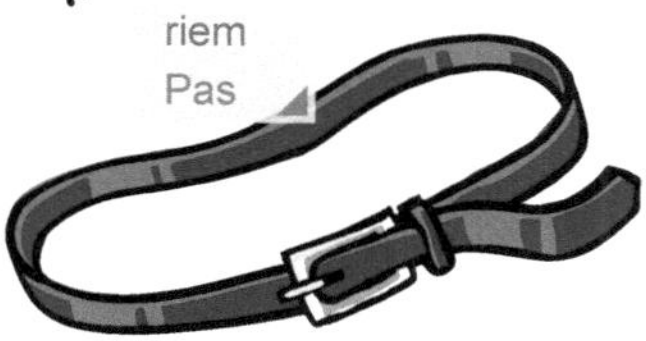

paraplu
Dežnik

T-shirt
Majica s kratkimi rokavi

riem
Pas

laarzen
Škornji

slippers
Copati

sneakers
Sportni copati

sandalen
....
Sandali

schoenen
....
Čevlji

rubberlaarzen
....
Gumijasti škornji

onderbroek
....
Spodnje hlače

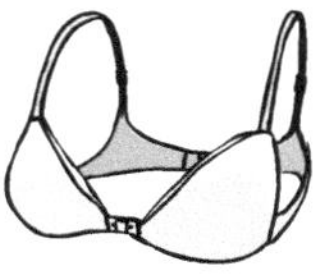

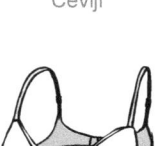

beha
....
Modrček

onderhemd
....
Telovnik

lichaam
....
Bodi

broek
....
Hlače

jeans
....
Kavbojke

rok
....
Krilo

blouse
....
Bluza

hemd
....
Srajca

trui
....
Pulover

capuchontrui
....
Pletena jopica

blazer
....
Jopa

jas
....
Jakna

jas
....
Plašč

regenjas
....
Dežni plašč

kostuum
....
Kostim

jurk
....
Obleka

trouwjurk
....
Poročna obleka

pak

Obleka

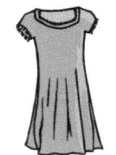

nachthemd

Spalna srajca

pyjama

Pižama

sari

Sari

hoofddoek

Naglavna ruta

tulband

Turban

boerka

Burka

kaftan

Kaftan

abaya

Abaja

badpak

Kopalke

zwembroek

Kopalne hlače

short

Kratke hlače

trainingspak

Trenirka

schort

Predpasnik

handschoenen

Rokavice

knoop

Gumb

bril

Očala

armband

Zapestnica

ketting

Verižica

ring

Prstan

oorbel

Uhan

pet

Kapa

kapstok

Obešalnik

hoed

Klobuk

das

Kravata

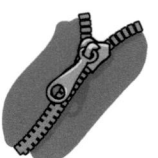

rits

Zadrga

helm

Čelada

bretellen

Naramnice

schooluniform

Šolska uniforma

uniform

Uniforma

slabbetje
Slinček

fopspeen
Duda

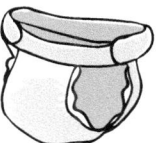

luier
Plenica

kantoor
Pisarna

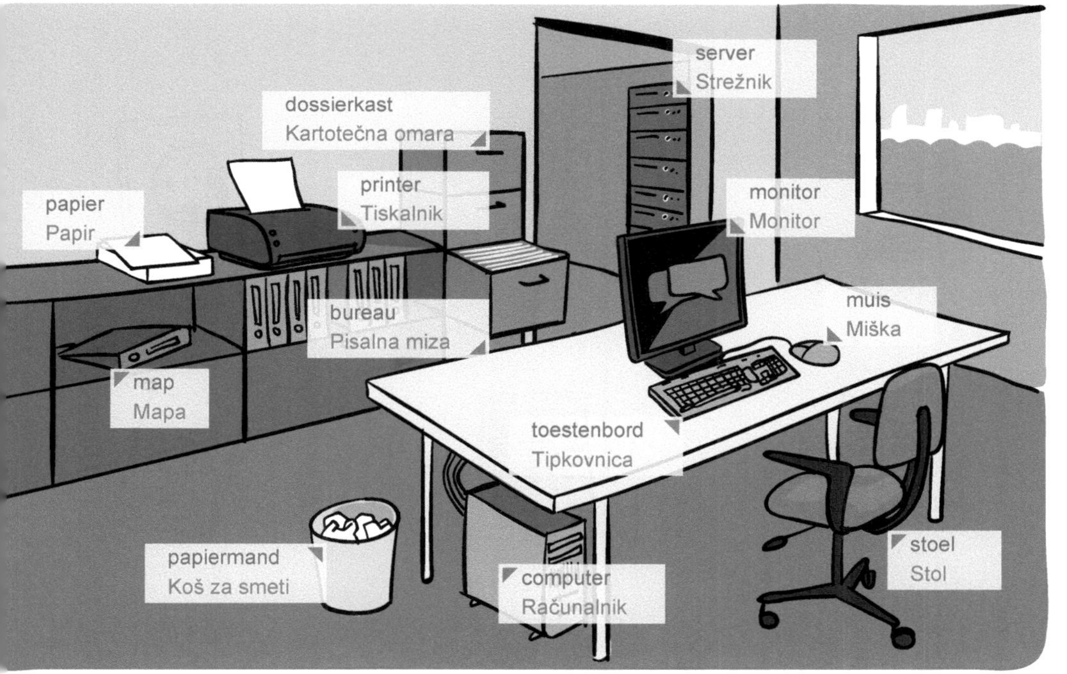

server
Strežnik

dossierkast
Kartotečna omara

printer
Tiskalnik

monitor
Monitor

papier
Papir

bureau
Pisalna miza

muis
Miška

map
Mapa

toestenbord
Tipkovnica

papiermand
Koš za smeti

stoel
Stol

computer
Računalnik

koffiemok
Lonček za kavo

rekenmachine
Kalkulator

internet
Internet

laptop

Prenosnik

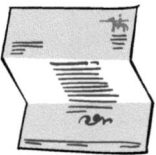

brief

Pismo

bericht

Sporočilo

gsm

Mobilnik

netwerk

Omrežje

kopieerapparaat

Kopirni stroj

software

Programska oprema

telefoon

Telefon

stopcontact

Vtičnica

fax

Telefaks

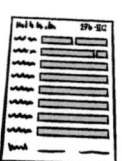

formulier

Obrazec

document

Dokument

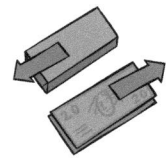

kopen

Kupiti

betalen

Plačati

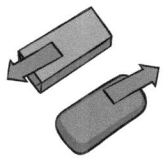

handelen

Trgovati

geld

Denar

dollar

Dolar

euro

Evro

yen

Jen

roebel

Rubelj

Zwitserse frank

Švičarski frank

Chinese renminbi

Kitajski juan renminbi

roepie

Rupija

geldautomaat

Bankomat

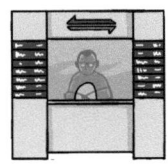

wisselkantoor
Menjalnica

goud
Zlato

zilver
Srebro

olie
Nafta

energie
Energija

prijs
Cena

contract
Pogodba

belasting
Davek

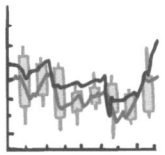

aandeel
Delnice

werken
Delati

werknemer
Delojemalec

werkgever
Delodajalec

fabriek
Tovarna

winkel
Trgovina

politieagent
Policist

brandweerman
Gasilec

kok
Kuhar

dokter
Zdravnik

piloot
Pilot

tuinman
Vrtnar

timmerman
Mizar

naaister
Šivilja

rechter
Sodnik

chemicus
Kemik

acteur
Igralec

buschauffeur

Voznik avtobusa

taxichauffeur

Taksist

visser

Ribič

schoonmaakster

Čistilka

dakdekker

Krovec

ober

Natakar

jager

Lovec

schilder

Pleskar

bakker

Pek

elektricien

Električar

bouwvakker

Gradbenik

ingenieur

Inženir

slager

Mesar

loodgieter

Vodovodni inštalater

postbode

Poštar

soldaat

Vojak

architect

Arhitekt

kassier

Blagajnik

bloemist

Cvetličar

kapper

Frizer

conducteur

Sprevodnik

mecanicien

Mehanik

kapitein

Kapitan

tandarts

Zobozdravnik

wetenschapper

Znanstvenik

rabbijn

Rabin

imam

Imam

monnik

Menih

geestelijke

Duhovnik

werktuigen
Orodje

tang
Klešče
hamer
Kladivo
schroevendraaier
Izvijač
zaklamp
Žepna svetilka
schroefsleutel
Vijačni ključ

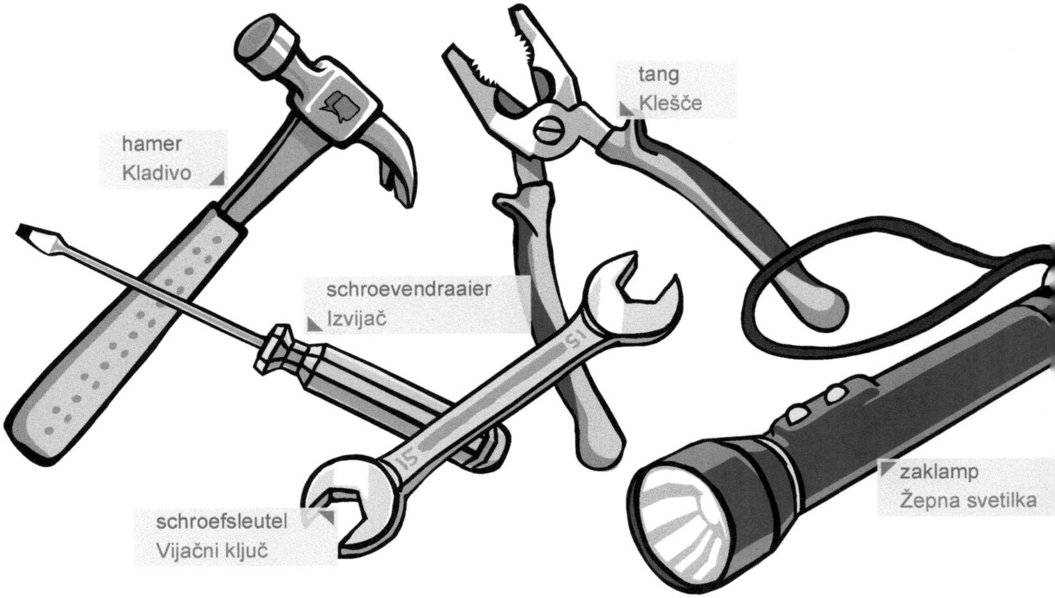

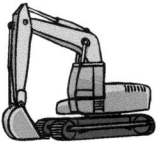

graafmachine

Bager

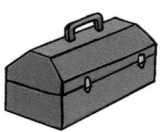

gereedschapskoffer

Zaboj z orodjem

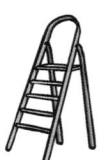

ladder

Lestev

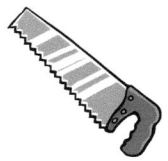

zaag

Žaga

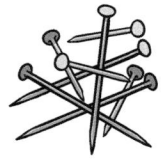

spijkers

Žeblji

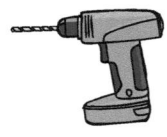

boormachine

Vrtalnik

repareren
Popraviti

schop
Lopata

Verdomme!
Šment!

blik
Smetišnica

verfpot
Posoda z barvo

schroeven
Vijaki

muziekinstrumenten
Glasbeni instrument

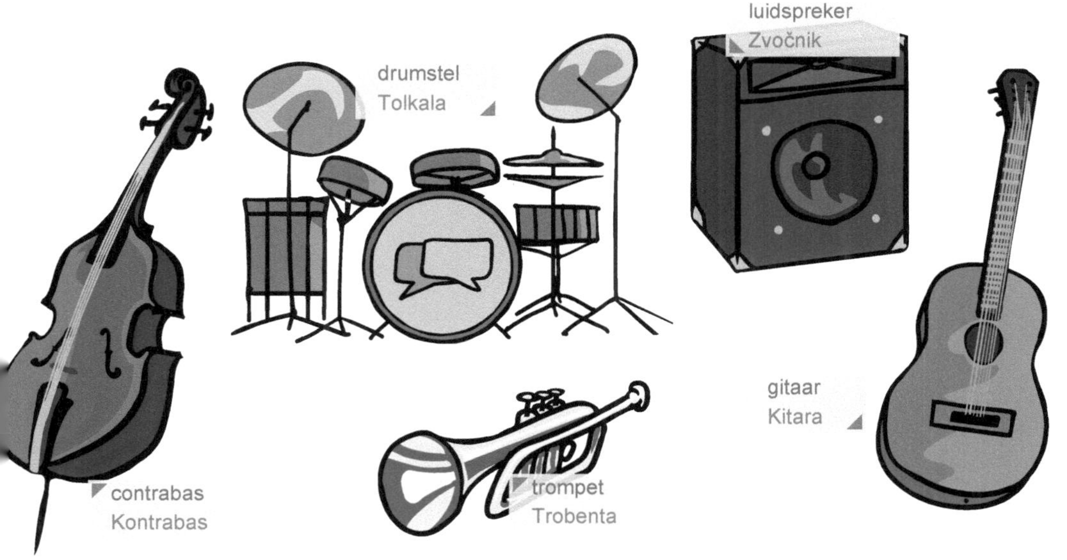

drumstel
Tolkala

luidspreker
Zvočnik

gitaar
Kitara

contrabas
Kontrabas

trompet
Trobenta

piano
Klavir

viool
Violina

basgitaar
Bas kitara

pauk
Pavke

trommels
Bobni

keyboard
Sintetizator

saxofoon
Saksofon

fluit
Flavta

microfoon
Mikrofon

ZOO
Živalski vrt

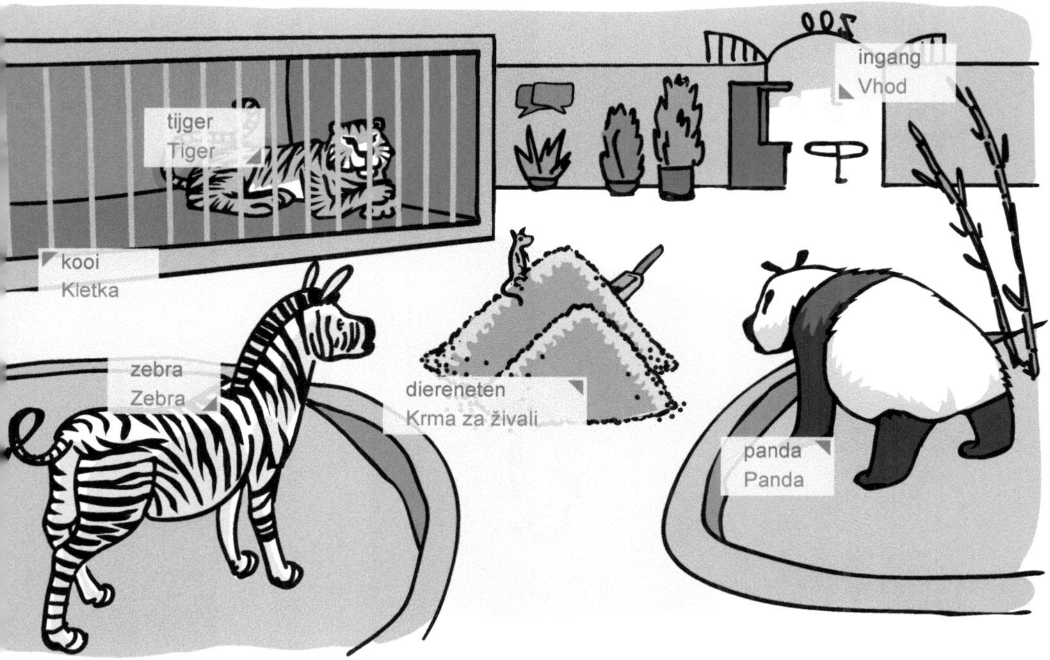
tijger
Tiger
ingang
Vhod
kooi
Kletka
zebra
Zebra
diereneten
Krma za živali
panda
Panda

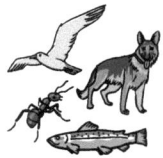

dieren

Živali

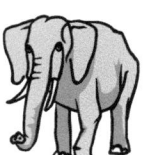

olifant

Slon

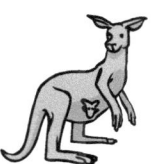

kangoeroe

Kenguru

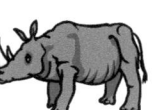

neushoorn

Nosorog

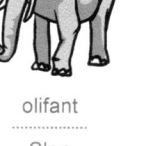

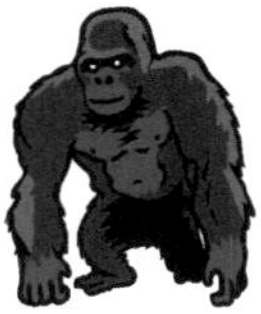

gorilla

Gorila

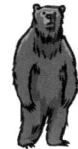

beer

Medved

kameel

Kamela

struisvogel

Noj

leeuw

Lev

aap

Opica

flamingo

Plamenec

papegaai

Papagaj

ijsbeer

Severni medved

pinguïn

Pingvin

haai

Morski pes

pauw

Pav

slang

Kača

krokodil

Krokodil

dierenverzorger

Oskrbnik v živalskem vrtu

zeehond

Tjulenj

jaguar

Jaguar

pony

Poni

luipaard

Leopard

nijlpaard

Povodni konj

giraffe

Žirafa

adelaar

Orel

wild zwijn

Divji prašič

vis

Riba

zeeschildpad

Želva

walrus

Mrož

vos

Lisica

gazelle

Gazela

rugby
Ameriški nogomet

wielrennen
Kolesarjenje

tennis
Tenis

basketbal
Košarka

zwemmen
Plavanje

boksen
Boks

ijshockey
Hokej

voetbal
Nogomet

badminton
Badminton

atletiek
Atletika

handbal
Rokomet

skiën
Smučanje

polo
Polo

springen
Skočiti

lachen
Smejati se

knuffelen
Objeti

wandelen
Hoditi

zingen
Peti

dromen
Sanjati

bidden
Moliti

kussen
Poljubiti

schrijven
Pisati

tekenen
Risati

tonen
Pokazati

duwen
Potisniti

geven
Dati

nemen
Vzeti

hebben

Imeti

doen

Narediti

zijn

Biti

staan

Stati

lopen

Teči

trekken

Vleči

gooien

Vreči

vallen

Pasti

liggen

Ležati

wachten

Čakati

dragen

Nositi

zitten

Sedeti

aankleden

Obleči se

slapen

Spati

ontwaken

Zbuditi se

kijken naar
Gledati

wenen
Jokati

aaien
Božati

kammen
Česati se

praten
Govoriti

begrijpen
Razumeti

vragen
Vprašati

luisteren
Poslušati

drinken
Piti

eten
Jesti

opruimen
Pospraviti

houden van
Ljubiti

koken
Kuhati

rijden
Voziti

vliegen
Leteti

zeilen

Jadrati

rekenen

Računanje

Lezen

Brati

leren

Učiti se

werken

Delati

trouwen

Poročiti se

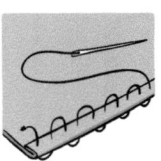

naaien

Šivati

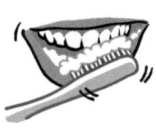

tandenpoetsen

Ščetkati si zobe

doden

Ubiti

roken

Kaditi

sturen

Poslati

familie
Družina

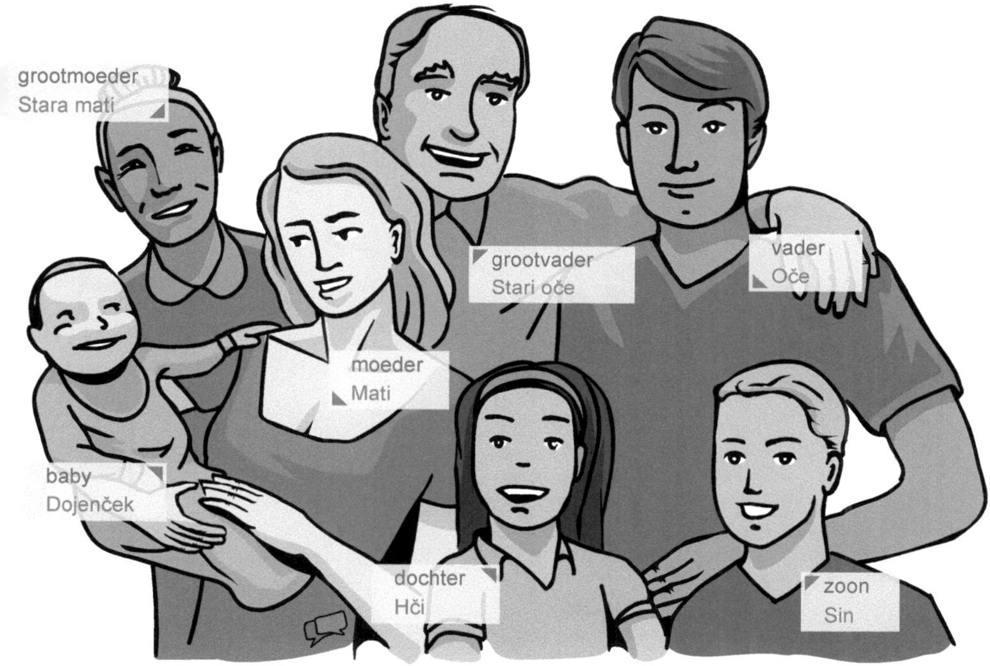

grootmoeder
Stara mati
grootvader
Stari oče
vader
Oče
moeder
Mati
baby
Dojenček
dochter
Hči
zoon
Sin

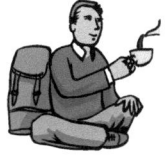

gast

Gost

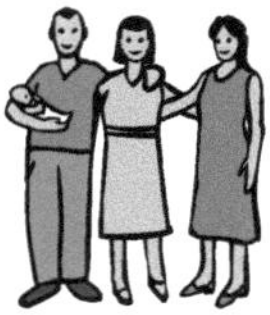

tante

Teta

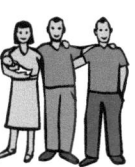

oom

Stric

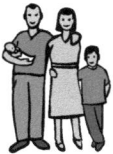

broer

Brat

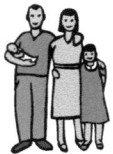

zus

Sestra

lichaam
Telo

voorhoofd
Čelo
oog
Oko
schouder
Rama
vinger
Prst
gezicht
Obraz
kin
Brada
hand
Dlan
been
Noga
borst
Prsi
arm
Roka

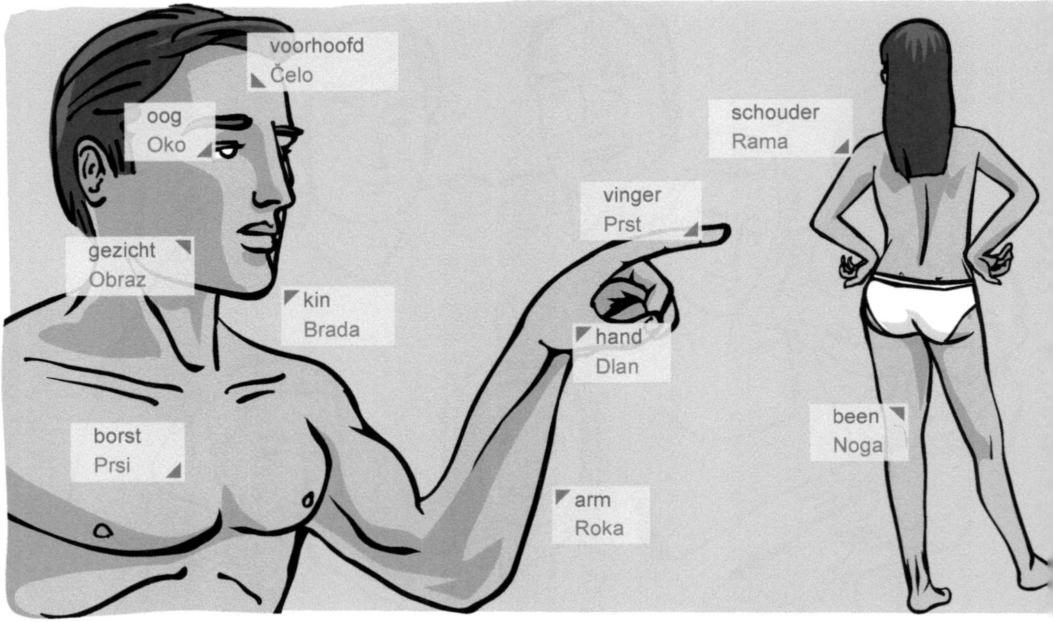

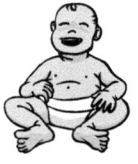

baby
Dojenček

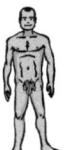

man
Človek

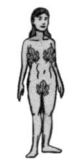

vrouw
Ženska

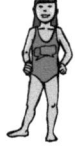

meisje
Dekle

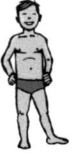

jongen
Fant

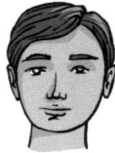

hoofd
Glava

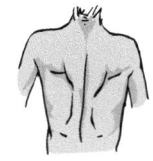

rug

Hrbet

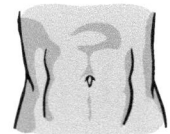

buik

Trebuh

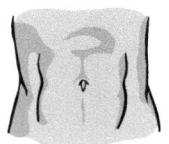

navel

Popek

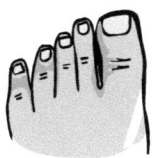

teen

Prst na nogi

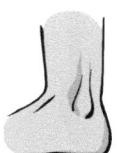

hiel

Peta

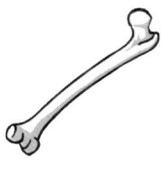

bot

Kost

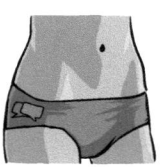

heup

Kolk

knie

Koleno

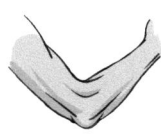

elleboog

Komolec

neus

Nos

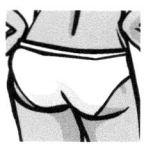

zitvlak

Zadnjica

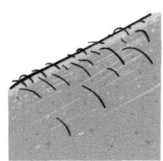

huid

Koža

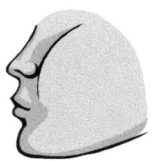

wang

Lice

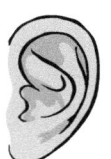

oor

Uho

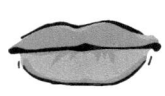

lip

Ustnica

mond

Usta

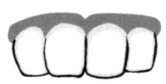

tand

Zob

tong

Jezik

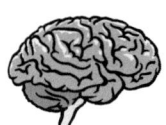

hersenen

Možgani

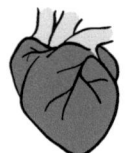

hart

Srce

spier

Mišica

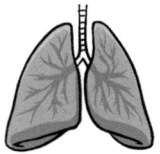

long

Pljuča

lever

Jetra

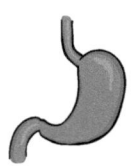

maag

Želodec

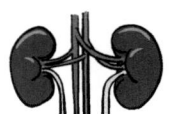

nieren

Ledvice

seks

Spolni odnos

condoom

Kondom

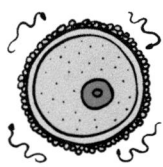

eicel

Jajčece

sperma

Semenska tekočina

zwangerschap

Nosečnost

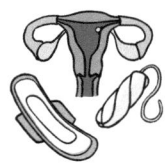

menstruatie

Menstruacija

vagina

Vagina

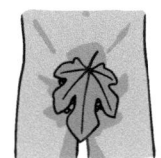

penis

Penis

wenkbrauw

Obrv

haar

Lasje

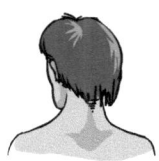

nek

Vrat

ziekenhuis
Bolnišnica

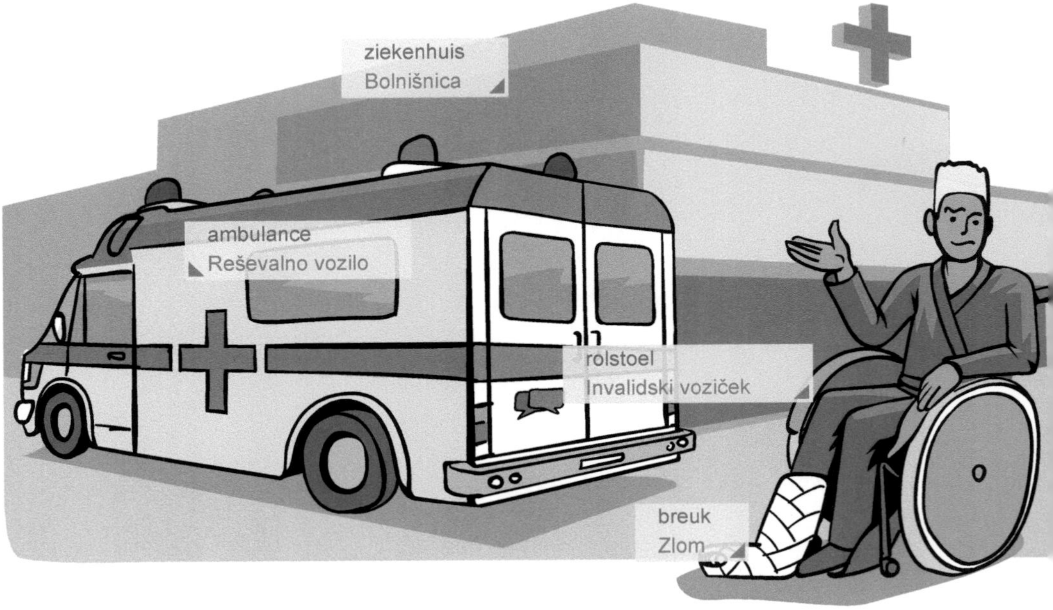

ziekenhuis
Bolnišnica
ambulance
Reševalno vozilo
rolstoel
Invalidski voziček
breuk
Zlom

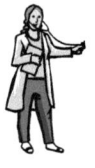

dokter

Zdravnik

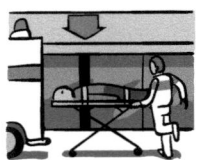

spoed

Urgenca

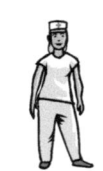

verpleegkundige

Medicinska sestra

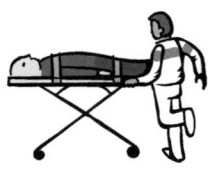

noodgeval

Nujni primer

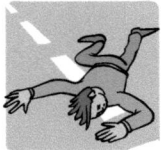

bewusteloos

Nezavesten

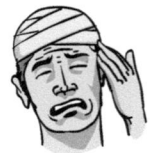

pijn

Bolečina

verwonding

Poškodba

bloeding

Krvavenje

hartaanval

Srčni infarkt

beroerte

Kap

allergie

Alergija

hoest

Kašelj

koorts

Vročina

griep

Gripa

diarree

Driska

hoofdpijn

Glavobol

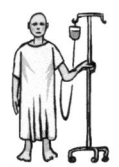

kanker

Rak

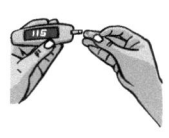

diabetes

Sladkorna bolezen

chirurg

Kirurg

scalpel

Skalpel

operatie

Operacija

CT
CT

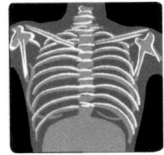

röntgenstraal
Rentgen

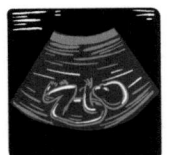

ultrageluid
Ultrazvok

gezichtsmasker
Obrazna maska

ziekte
Bolezen

wachtkamer
Čakalnica

kruk
Bergla

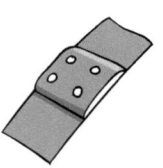

pleister
Obliž

verband
Preveza

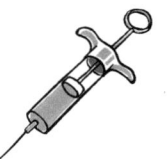

injectie
Injekcija

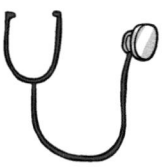

stethoscoop
Stetoskop

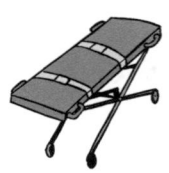

brancard
Nosila

thermometer
Klinični termometer

geboorte
Porod

overgewicht
Prekomerna teža

hoorapparaat

Slušni pripomoček

ontsmettingsmiddel

Razkužilo

infectie

Okužba

virus

Virus

HIV / AIDS

HIV / AIDS

medicijn

Medicina

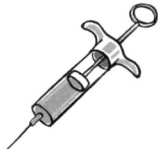

vaccinatie

Cepljenje

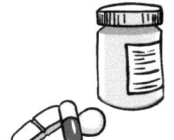

tabletten

Tablete

pil

Tableta

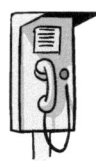

noodoproep

Klic v sili

bloeddrukmeter

Merilnik krvnega tlaka

ziek / gezond

bolano / zdravo

Help!

Na pomoč!

alarm

Alarm

overval

Napad

aanval

Napad

gevaar

Nevarnost

nooduitgang

Izhod v sili

Brand!

Gori!

brandblusser

Gasilni aparat

ongeval

Nezgoda

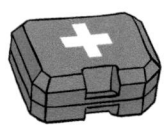

EHBO-kit

Komplet za prvo pomoč

SOS

SOS

politie

Policija

Europa

Evropa

Noord-Amerika

Severna Amerika

Zuid-Amerika

Južna Amerika

Afrika

Afrika

Azië

Azija

Australië

Avstralija

Atlantische Oceaan

Atlantski ocean

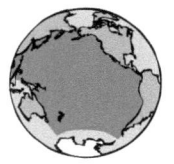

Stille Oceaan

Tihi ocean

Indische Oceaan

Indijski ocean

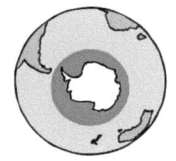

Antarctische Oceaan

Južni ocean

Arctische Oceaan

Arktični ocean

Noordpool

Severni tečaj

Zuidpool

Južni tečaj

Antarctica

Antarktika

aarde

Zemlja

land

Kopno

zee

Morje

eiland

Otok

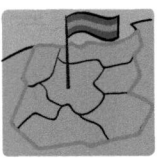

natie

Narod

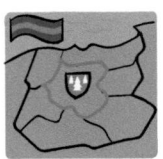

staat

Država

wijzerplaat
....
Številčnica

uurwijzer
....
Urni kazalec

minuutwijzer
....
Minutni kazalec

secondewijzer
....
Sekundni kazalec

Hoe laat is het?
....
Koliko je ura?

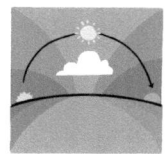

dag
....
Dan

tijd
....
Čas

nu
....
Zdaj

digitale horloge
....
Digitalna ura

minuut
....
Minuta

uur
....
Ura

week
Teden

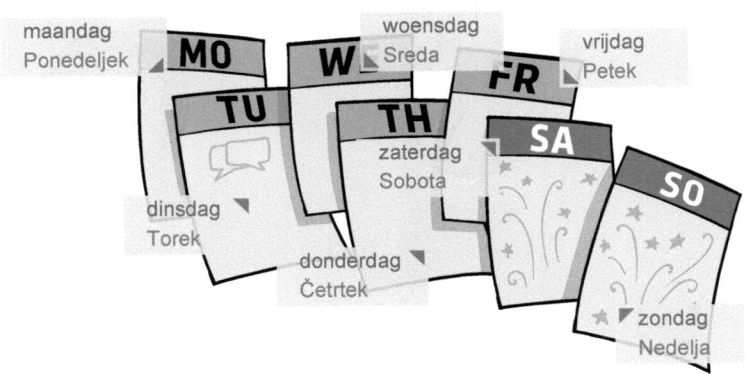

maandag
Ponedeljek

woensdag
Sreda

vrijdag
Petek

dinsdag
Torek

zaterdag
Sobota

donderdag
Četrtek

zondag
Nedelja

gisteren
....
Včeraj

vandaag
....
Danes

morgen
....
Jutri

ochtend
....
Jutro

middag
....
Poldne

avond
....
Večer

werkdagen
....
Delovni dnevi

weekend
....
Konec tedna

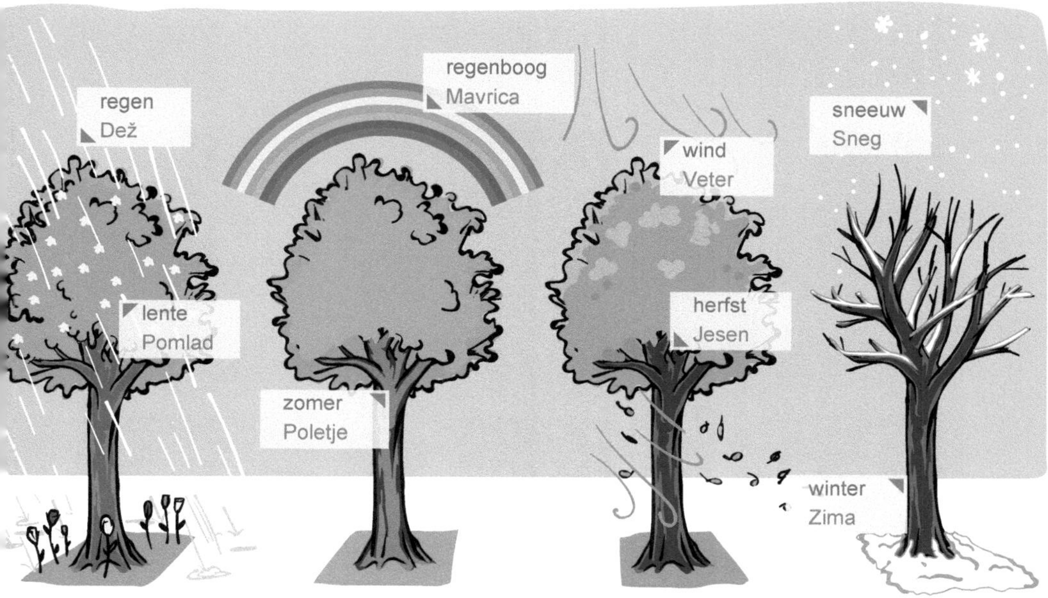

regen
Dež

regenboog
Mavrica

sneeuw
Sneg

wind
Veter

lente
Pomlad

herfst
Jesen

zomer
Poletje

winter
Zima

4.APRIL	11°
5.APRIL	4°
6.APRIL	13°
7.APRIL	8°
8.APRIL	10°

weervoorspelling
Vremenska napoved

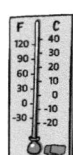

thermometer
Termometer

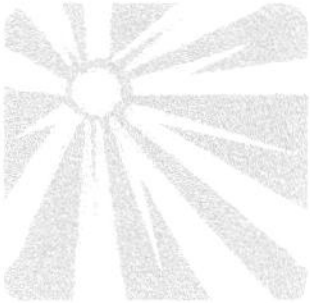

zonneschijn
Sončna svetloba

wolk
Oblak

mist
Megla

vochtigheid
Vlažnost

bliksem

Strela

donder

Grom

storm

Nevihta

hagel

Toča

moesson

Monsun

overstroming

Poplava

ijs

Led

januari

Januar

februari

Februar

maart

Marec

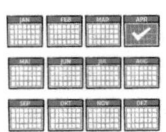

april

April

mei

Maj

juni

Junij

juli

Julij

augustus

Avgust

september
....
September

oktober
....
Oktober

november
....
November

december
....
December

vormen
Oblike

cirkel
....
Krogla

kwadraat
....
Kvadrat

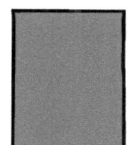

rechthoek
....
Pravokotnik

driehoek
....
Trikotnik

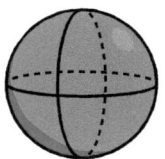

bol
....
Krogla

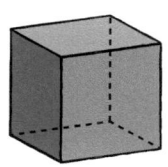

kubus
....
Kocka

wit

Bela

geel

Rumena

oranje

Oranžna

roze

Rožnata

rood

Rdeča

paars

Vijolična

blauw

Modra

groen

Zelena

bruin

Rjava

grijs

Siva

zwart

Črna

veel / weinig

veliko / malo

boos / kalm

jezno / umirjeno

mooi / lelijk

lepo / grdo

begin / einde

začetek / konec

groot / klein

veliko / majhno

licht / donker

svetlo / temno

broer / zus

brat / sestra

proper / vuil

čisto / umazano

volledig / onvolledig

popolno / nepopolno

dag / nacht

dan / noč

dood / levend

mrtvo / živo

breed / smal

široko / ozko

eetbaar / oneetbaar

užitno / neužitno

kwaadaardig / vriendelijk

zlobno / prijazno

opgewonden / verveeld

vznemirjeno / zdolgočaseno

dik / dun

debelo / vitko

eerst / laatst

prvo / zadnje

vriend / vijand

prijatelj / sovražnik

vol / leeg

polno / prazno

hard / zacht

trdo / mehko

zwaar / licht

težko / lahko

honger / dorst

lakota / žeja

ziek / gezond

bolano / zdravo

illegaal / legaal

nezakonito / zakonito

intelligent / dom

pametno / neumno

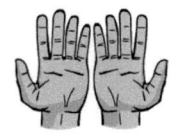

links / rechts

levo / desno

dichtbij / veraf

blizu / daleč

nieuw / gebruikt

novo / rabljeno

niets / iets

nič / nekaj

oud / jong

staro / mlado

aan / uit

vklopljeno / izklopljeno

open / dicht

odprto / zaprto

stil / luid

tiho / glasno

rijk / arm

bogato / revno

juist / fout

prav / narobe

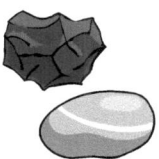

ruw / glad

grobo / gladko

droevig / blij

žalostno / veselo

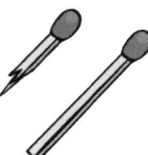

kort / lang

kratko / dolgo

traag / snel

počasi / hitro

nat / droog

mokro / suho

warm / koud

toplo / hladno

oorlog / vrede

vojna / mir

0

nul

Ničla

1

één

Ena

2

twee

Dva

3

drie

Tri

4

vier

Štiri

5

vijf

Pet

6

zes

Šest

7

zeven

Sedem

8

acht

Osem

9

negen

Devet

10

tien

Deset

11

elf

Enajst

12

twaalf
Dvanajst

13

dertien
Trinajst

14

veertien
Štirinajst

15

vijftien
Petnajst

16

zestien
Šestnajst

17

zeventien
Sedemnajst

18

achtien
Osemnajst

19

negentien
Devetnajst

20

twintig
Dvajset

100

honderd
Sto

1.000

duizend
Tisoč

1.000.000

miljoen
Milijon

Engels

Angleščina

Amerikaans Engels

Ameriška angleščina

Chinees (Mandarijn)

Mandarinščina

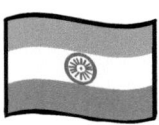

Hindi

Hindujščina

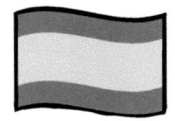

Spaans

Španščina

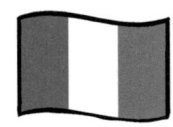

Frans

Francoščina

Arabisch

Arabščina

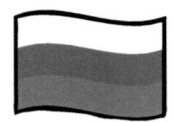

Russisch

Ruščina

Portugees

Portugalščina

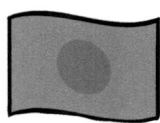

Bengali

Bengalščina

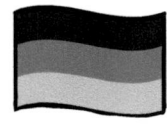

Duits

Nemščina

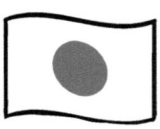

Japans

Japonščina

ik

Jaz

u

Ti

hij / zij / het

On / ona / tisto

wij

Mi

u

Vi

ze

Oni

wie?

Kdo?

wat?

Kaj?

hoe?

Kako?

waar?

Kje?

wanneer?

Kdaj?

naam

Ime

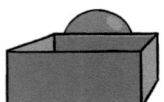

achter

Zadaj

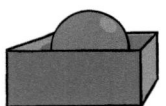

in

V

voor

Pred

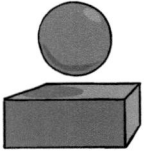

boven

Nad

op

Na

onder

Pod

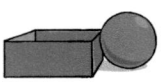

naast

Poleg

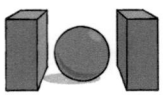

tussen

Med

plaats

Kraj